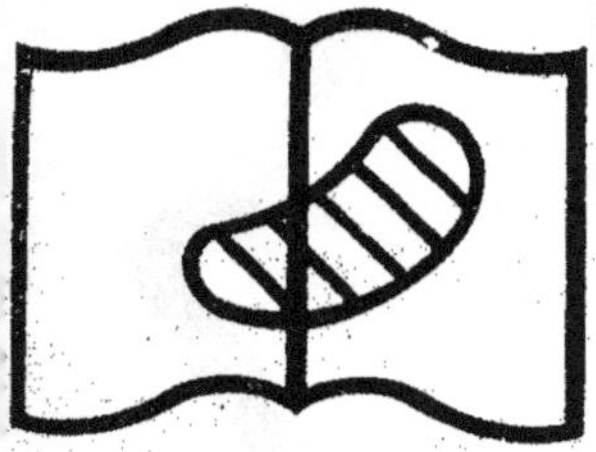

Illisibilité partielle

Contraste insuffisant
NF Z 43-120-14

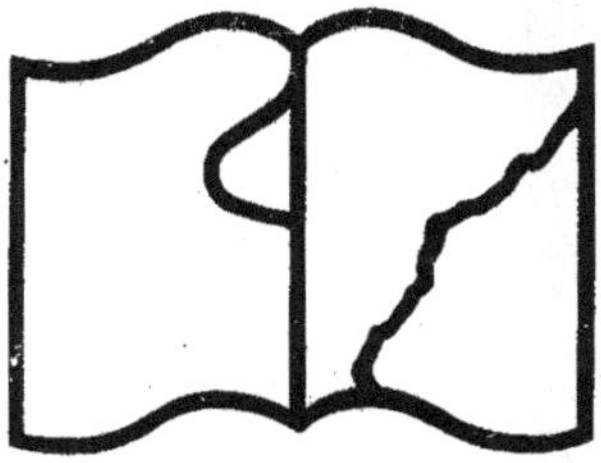

Texte détérioré — reliure défectueuse
NF Z 43-120-11

Valable pour tout ou partie
du document reproduit

Couverture inférieure manquante

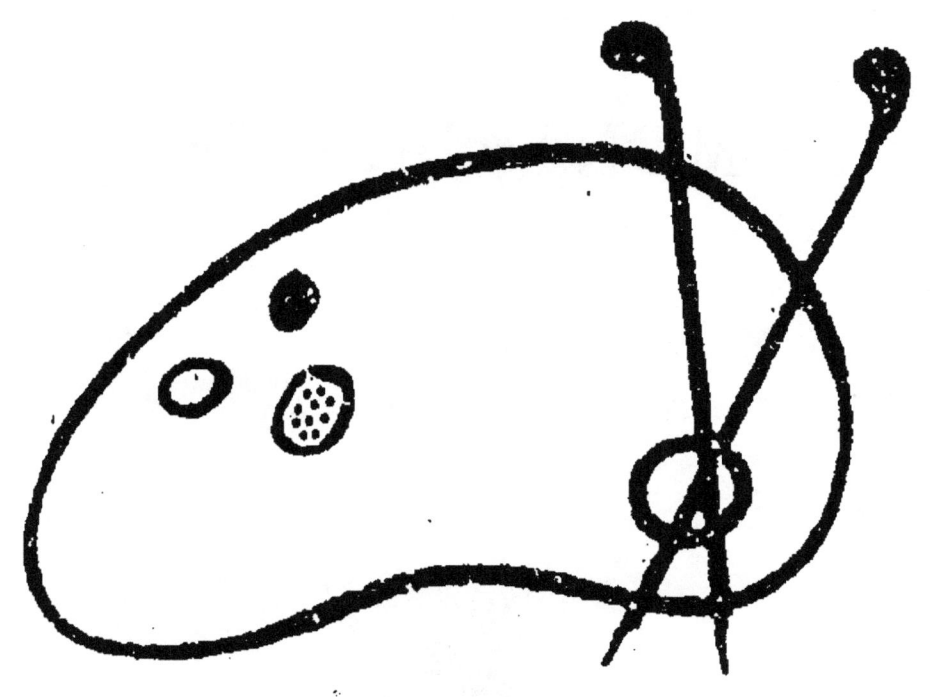

Début d'une série de documents
en couleur

NOTICE HISTORIQUE

SUR

LE MONT-CALVAIRE

DE

ROMANS

PAR

Le Dr Ulysse CHEVALIER

MONTBÉLIARD
IMPRIMERIE P. HOFFMANN
1883

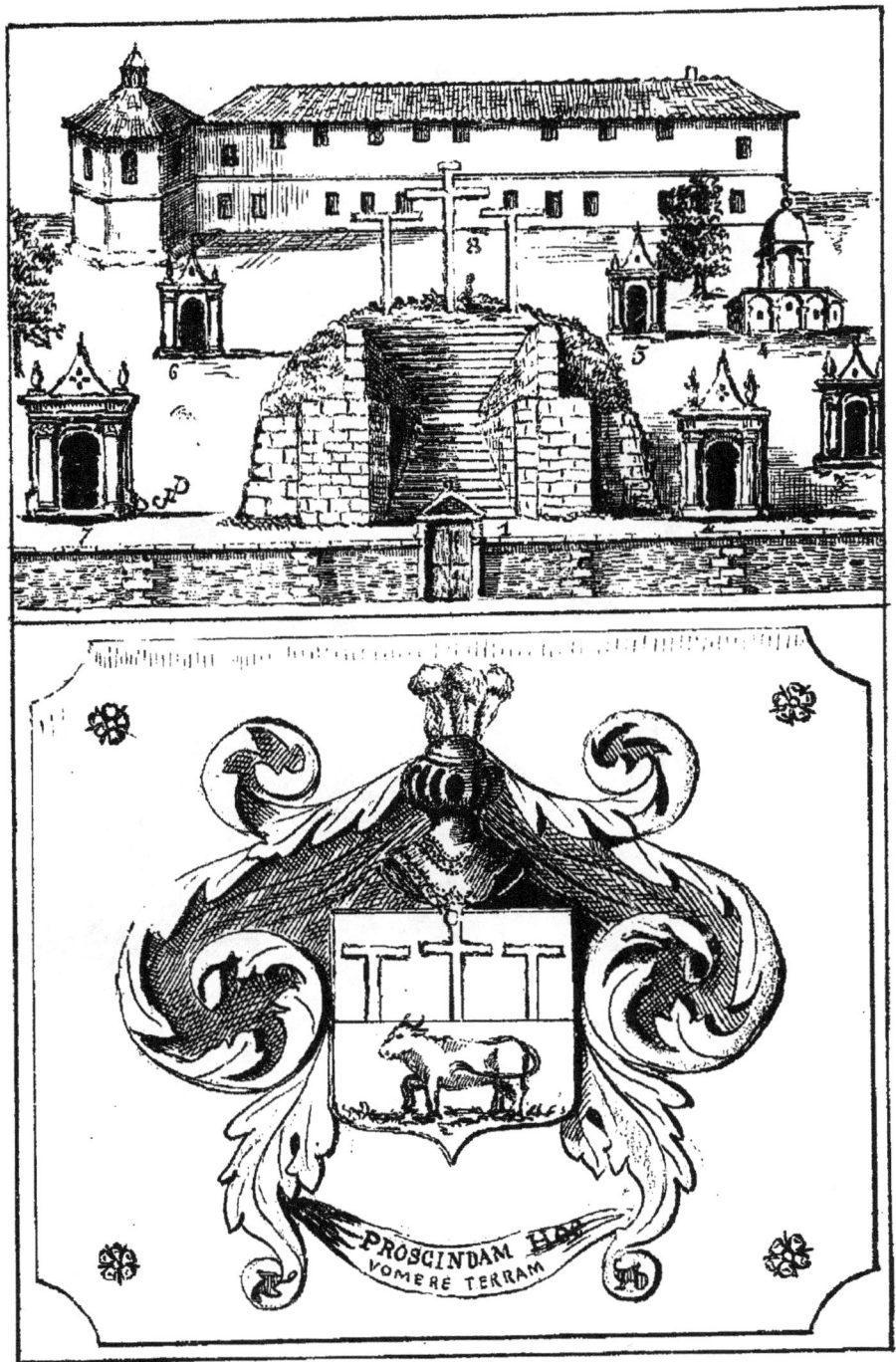

Ancien Calvaire de Romans

Armes de Romanet Boffin

Calvaire actuel de Romans

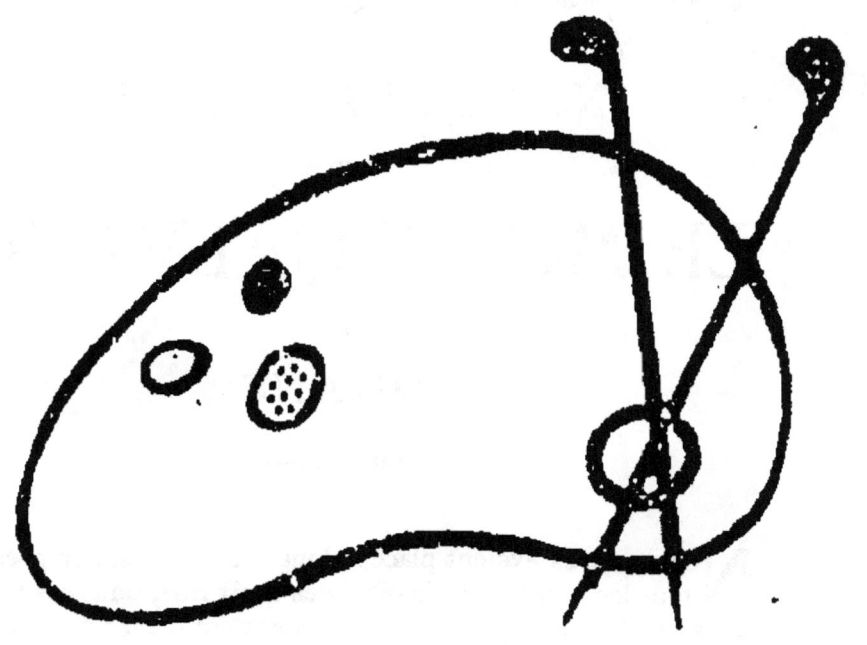

Fin d'une série de documents en couleur

NOTICE HISTORIQUE

SUR

LE MONT-CALVAIRE

DE

ROMANS

Nos ancêtres avaient placé le long des routes, sur presque tous les points culminants, des croix que, dans ces temps d'insécurité, les voyageurs invoquaient contre les dangers de toutes sortes auxquels ils étaient exposés [1]. Cet usage était général et très ancien, l'érection des trois croix du Calvaire était relativement plus récente et moins répandue ; elle ne datait guère que de l'expulsion de la Terre-Sainte des chevaliers de Saint-Jean de Jérusalem.

Réfugiés dans l'île de Rhodes, ils y avaient conservé le souvenir de la Passion de N.-S. Jésus-Christ et des lieux vénérés qu'ils avaient perdus, en imitant les stations de la voie douloureuse, au moyen de piliers qu'ils firent dresser le long d'une grande rue, au bout de laquelle s'élevait un Calvaire.

Un chevalier de Rhodes, Pierre d'Anglisberg, devenu commandeur de la commanderie de Saint-Jean-Baptiste de

---

[1]. Cette insécurité fit naître ces fondations charitables, ces hospices où les voyageurs, les pèlerins, les marchands étaient reçus et secourus, au même titre que les pauvres et les malades dans les hôpitaux (voy. *Les voies antiques déterminées par les hôpitaux au moyen âge*, par M. GUIGUE).

Fribourg, fit établir dans cette résidence un Mont-Calvaire avec sept piliers exactement semblables à ceux qui existaient dans l'île de Rhodes. Un pieux habitant de Romans, Romanet Boffin dit Richard [1], que des affaires commerciales attiraient à Fribourg eut l'occasion de voir la construction faite par le commandeur d'Anglisberg. Il en fut si édifié qu'il projeta de faire élever dans son pays un Calvaire semblable. Il existe à ce sujet une attestation des autorités de la ville de Fribourg, en date du 10 novembre 1516, portant que Romanet Boffin avait pris fidèlement le plan et la distance des sept piliers érigés dans leur ville, lors d'un voyage qu'il avait fait au mois de décembre de l'année précédente [2].

Le lieu le plus convenable pour l'établissement d'un Calvaire était tout indiqué par la situation topographique et par la tradition : il était placé à l'occident de Romans, à 600 mètres de la porte de Clérieu, et portait primitivement le nom de *Chiron* ou *Chaffe*.

A l'exemple de ce qui avait lieu à Jérusalem, le chapitre de Saint-Barnard, portant les reliques de son bienheureux patron, se rendait, le jour des Rameaux, en procession à un lieu désigné par suite sous le nom de *Rampeaux*, pour exprimer vulgairement *in ramis palmarum*.

La solennité de cette procession la rendait fort populaire et fit naître une *vogue*, dont la tradition existe encore et où on établit un jeu auquel fut donné le nom de Rampeaux.

Placé sur un lieu retiré, au couchant de la ville, fondé avec l'approbation des plus hautes autorités et les sympathies des habitants, enfin desservi par de pauvres et dévoués religieux de Saint-François, le Calvaire et le couvent attenant ont cependant subi, depuis l'époque de leur fondation et durant trois siècles et demi de leur existence, plus de tribulations, d'outrages et de calamités qu'aucun autre établissement religieux. Leur existence semble conforme aux saints et douloureux

---

1. Voy. *Biographie de Romanet Boffin et généalogie de sa famille*, dans *Bull. de la soc. d'archéol. de la Drôme* (1881), t. XV, p. 224.
2. ARCHANGE de Clermont, *Transport du Mont-Calvaire*, p. 472 ; et P. ENFANTIN, *Pélérinage au Calvaire de Romans*, t. I, p. 168.

évènements qu'ils ont pour but de rappeller. Incendié, spolié, démoli, vendu, chaque fois le Calvaire de Romans s'est relevé de ses ruines et a été rendu à sa destination première. De nos jours, malgré les temps troublés où nous vivons et les circonstances locales peu favorables aux choses de religion, ce pieux établissement n'a peut-être jamais été dans une situation plus prospère et plus respectée. Consacrés au séminaire diocésain et et habités par un nombreux personnel, les bâtiments et le clos ont été restaurés et agrandis : l'église a été embellie et ornée, les solennités du culte s'y font avec toute la pompe de la liturgie Romaine. Enfin les stations et le Mont-Calvaire, parfaitement entretenus, sont fréquemment le but des pélerinages des personnes pieuses de la ville et des environs.

Romanet Boffin ayant l'intention de réunir dans le même lieu tous les mystères qui sont compris au Mont-Calvaire de Jérusalem et même d'y construire un couvent pour des religieux de l'ordre de Saint-François, qui seraient dévoués au service de ces saints lieux, comme il y en a à Jérusalem, consacra à ce dessein un vaste emplacement, de la contenance d'environ sept setérées (2 hectares 40 ares). Ce terrain, dont lui et sa famille possédaient déjà une partie [1] fut acquis par donations, par achats et par échanges. Ceux qui donnèrent furent, entre autres, Marguerite Forton et Pierre Pétieu, son fils, par acte des 22 avril et 9 octobre 1516. Me Barthélemy Dorade, notaire, par acte du 7 février, offrit un petit coin de terre pour y élever le Mont-Calvaire et vendit, le 25 juin, un terrain pour faire la *station des pleurs*. En 1517, Charles Jomaron, prêtre de l'église collégiale de Saint-Barnard, fit don, le 7 avril, d'une petite pièce de terre proche le *lieu des larmes*. Les achats furent ceux d'une parcelle vendue par Jacques Seissel et Catherine Cordier, sa femme, par acte du 16 février

---

1. On lit dans le procès-verbal de l'assemblée consulaire du 30 août 1564 que le consul Félicien Boffin demanda la permission de se retirer avec sa femme, atteinte du mal contagieux ou peste, au couvent du Mont-Calvaire, *proche de sa maison,* pour être en lieu commode et mieux aéré. De nos jours, un champ situé au couchant de l'ancien monastère, porte le nom de *champ Romanet*.

1516, d'une autre terre de cinq quartelées (40 ares) de Pierre Berger, le 17 décembre suivant. Enfin Romanet Boffin fit l'échange d'un terrain contenant trois éminées (51 ares) appartenant aux mêmes Jacques Seissel et Catherine Cordier, à qui il donna une autre parcelle de pareilles grandeur et valeur : le reste fut pris sur ses propres terres.

Le premier établissement créé par Romanet consistait simplement, outre le Mont-Calvaire, en sept piliers marquant les principales stations, et dont le premier était placé dans l'église de Saint-Barnard. Il obtint la permission du chapitre et celle des consuls de la ville [1].

Le Mont-Calvaire était une bâtisse large et majestueuse, représentant une montagne artificielle où l'on montait par le même nombre de marches d'escalier qu'on en compte à Jérusalem pour accéder de l'église au lieu même où Jésus-Christ fut crucifié. Cette construction nécessita l'emploi de 2500 quartiers de pierre. La croix du bon larron était à quatre pieds de distance de celle de J.-C. et celle du mauvais larron à six. La croix de notre N.-S. avait quinze pieds de hauteur et le croizon huit de largeur ; il était garni de la lance, de l'éponge, des fouets et de la couronne d'épines, avec un entablement en forme d'autel autour de la croix, de dix pieds de long, sept de largeur et deux de hauteur. Enfin il régnait autour du mont un petit parapet, orné au-dessus d'anges portant les mystères de la Passion.

Auprès de ce mont artificiel, Romanet Boffin fit ériger en relief les effigies des trois Maries, et ce lieu est encore appelé le *lieu des pleurs*. Un peu plus loin, il fit construire en pierre

---

[1]. Le 1ᵉʳ octobre 1516, « a esté exposé par honneste homme Romanet
« Richard, marchand de ceste ville, qu'il a faict faire sept piliers de pierre
« qui sont démonstratifs des saincts lieux de Jérusalem, lesquels il voudroit
« mettre et asseoir en certaines places et lieux de ceste ville, comme il a
« esté compassé par le prestre de monsieur de Sainct-Pal et autres reli-
« gieux de Jérusalem : ce qu'il n'oseroit faire sans le bon vouloir et
« consentement de mes dicts seigneurs les consuls et de la ville. A la
« quelle chose se sont accordés les dicts messieurs les consuls et l'as-
« semblée et que iceluy Romanet puisse prendre les lieux à luy nécessaires,
« sans contradiction quelconque » (*Registres consulaires*).

de taille le *sépulcre* de Jésus-Christ, lequel miraculeusement conservé, subsiste encore de nos jours. Enfin, il fonda dans le voisinage un petit couvent ou, pour mieux dire, un *hermitage* et une chapelle seulement pour trois religieux de l'Observance. La première pierre de ces édifices avait été posée le 15 mars 1517, en présence des autorités et d'un grand concours de monde et du notaire Jacques Baile, qui dressa le procès-verbal de cette cérémonie.

Le roi François Ier prit sous sa protection les religieux, le fondateur et les bienfaiteurs du Calvaire par lettres patentes du 23 mai 1521. Car ce lieu était déjà un but de pèlerinage où affluaient un grand nombre de fidèles. Dès 1516, des ouvrages imprimés à Paris, à Lyon, à Tournon étaient destinés à servir de guide et d'instruction aux pèlerins.

Vers cette époque (août 1516), deux religieux de Saint-François, F. Ange de Linx, natif de Beauvais, et F. Laurent Morelli, de Saint-Jean-de-Maurienne, revenant de la Terre-Sainte, où ils avaient résidé sept années, dirent en leurs prédications publiques, après avoir visité Romans, que si on avait bâti cette ville à dessein et sur le modèle de Jérusalem, on ne l'eut pas mieux proportionnée [1]. Ils démontrèrent au fondateur du Calvaire qu'on pourrait facilement distribuer toutes les principales stations de Jérusalem autour de la ville de Romans. Cette proposition enthousiasma Romanet Boffin, qui sans retard partit pour Rome, où il obtint du pape Léon X une bulle en date du 8 février 1517, l'autorisant à faire le voyage en Terre-Sainte. Il se fit accompagner d'un maître maçon ou architecte, afin de prendre sur les lieux mêmes les distances, les emplacements et les aspects qu'il voulait reproduire dans sa ville natale. C'est ainsi que parlent tous les auteurs qui ont écrit sur le Mont-Calvaire de Romans, et cependant nous pen-

---

1. « Sont venus visiter de ceste année presente... les dicts Mont et ville
« de Romans. Et, après avoir veux et visités la dicte ville et les lieux à
« elle adjacents, ont dict et presché en la chaire de vérité la dicte ville de
« Romans estre semblable à la saincte cité de Jérusalem plus que nulle
« aultre où ils ayent esté ni que ils sachent... » (*Voyage et oraisons du Mont Calvaire de Romans*, Thielman Kerver, 1556, p. 3).

sons, avec le judicieux M. Duportroux, que ce voyage n'a pas pu avoir lieu. En suivant les actes concernant Romanet Boffin, on ne trouve pas la place d'une assez longue absence pour lui permettre de faire un voyage comme celui de Jérusalem, qui alors nécessitait un temps considérable.

Quoi qu'il en soit, Romanet se mit résolument à l'œuvre, mais non sans entraves et persécutions. A l'occasion des quêtes faites par des jeunes gens de bonne maison, il s'éleva un orage aussi inconcevable par sa cause que par sa violence. Ces quêteurs furent mis en prison, Romanet Boffin fut cité en justice, affligé en sa personne, ses parents et ses amis. Un interdit fut jeté sur la ville de Romans ; les cloches cessèrent de sonner, les offices de se dire, la messe d'être célébrée. Mais, en face de si prodigieuses persécutions, le zèle du fondateur du Calvaire se réveilla ; si ses ennemis étaient violents, il acquit des protecteurs qui étaient puissants. Il fit intervenir les plus grands personnages de la Chrétienté : le Souverain Pontife, les cardinaux, le vice-légat d'Avignon, l'archevêque de Vienne, les évêques d'Orange, de Viviers, de Valence, de Grenoble, de Gap ; outre plusieurs seigneurs, le roi, la reine, le connétable de Bourbon, le parlement de Grenoble. Avec de tels appuis, la cause de la justice l'emporta et les quêtes purent se faire comme avant [1].

Mais les tribulations allaient recommencer pour ce malheureux Calvaire. Les constructions étaient à peine terminées, que, le 29 novembre 1548, le feu fut mis au couvent. Sous prétexte d'apporter des secours, des malfaiteurs dépouillèrent cette maison de la plupart de ses meubles et de ses papiers : le couvent, l'église et la sacristie furent entièrement consumés. Des lettres patentes de Henri III, du mois de février 1549, ordonnèrent d'informer sur ce fait. L'année suivante, une requête aux mêmes fins fut présentée au parlement par le Père provincial ; enfin un monitoire du pape Jules III, donné l'an 1553, prescrivait la révélation des incendiaires et de ceux qui

---

1. Cette question des quêtes était devenue une affaire importante, parce qu'elles avaient été défendues par le chapitre et par la ville, qui voulaient les réserver pour les ordres mendiants et pour les pauvres.

détenaient les papiers. Quoique connus, les coupables ne furent pas poursuivis, parce qu'ils appartenaient en général à des familles influentes.

Inquiété, tracassé, persécuté, comme on l'a vu, au sujet des quêtes, Romanet Boffin avait été dans la nécessité de remettre, le 3 mai 1516, les clefs des troncs aux chanoines de Saint-Barnard et, par acte du 2 octobre 1519, de donner à la ville l'oratoire du Calvaire, possessions et édifices.

Voici le texte de cet acte :

2 octobre 1519. « Romanet Richard déclare qu'il a acquis « de ses propres deniers et par donations faites par diverses « personnes pieuses plusieurs terrains situés près de la ville, « au mandement de Monteux, au lieu dit des *Rampeaux*, où il « a faict édifier un Mont Calvaire et autres oratoires repré- « sentant les mystères de la Passion en la manière des saincts « lieux de Jhérusalem, et que les chanoines prétendoient que « ces lieux leur avoient esté donnés et cédés par ledict Romanet, « il se réserve, lui vivant, de compléter et entretenir les dicts « oratoires ; et qu'il en transporte, donne et cède à la ville par « donation pure et irrévocable. Les consuls stipulant et rece- « vant au nom de toute la communauté de la ville les dicts « oratoires, possessions et édifices, s'engageant à employer à « leur entretien les aumosnes qui seront données » *(Registres consulaires).*

Romanet Boffin résolut d'établir près du Calvaire de Romans, à l'imitation de ce qui a lieu pour le Saint-Sépulcre, des religieux de l'ordre de Saint-François pour maintenir en état les stations, célébrer le service divin et administrer les sacrements et les consolations aux pèlerins pour l'accomplissement de leurs vœux.

En conséquence, par une bulle du 4 mars 1516, le souverain pontife Léon X permit de placer des religieux franciscains au Mont-Calvaire de Romans et de leur construire une maison religieuse au même lieu. Enfin, le 15 mars 1517, en vertu d'une licence donnée par le vice-légat d'Avignon, avec l'aide et la protection du roi François Ier, de la reine Claude et du connétable de Bourbon, en présence de F. Louis Combe, religieux de Saint-François, député par ses supérieurs, Romanet Boffin posa la première pierre du couvent, dans le creux de laquelle on mit plusieurs pièces d'argent au coin des dits princes et princesse. Le procès-verbal de cette cérémonie fut dressé par Jacques Baile, notaire, et signé par de nombreux témoins. Tous les édifices furent bénis, et le cimetière limité le 18 janvier 1522 par Antoine Paschal, évêque de Rochester. Enfin cette donation aux Frères-Mineurs fut approuvée et confirmée par lettres patentes de François Ier, données à Dijon, le 23 mai 1528.

Les premiers auteurs qui ont écrit sur le Calvaire de Romans, rapportent plusieurs faits miraculeux qui ont eu lieu peu après la fondation de cette œuvre de piété ; ce sont, en abrégé :

1° Un aveugle, du nom de Pierre Guiller, qui recouvra la vue après avoir longtemps vécu dans un état complet de cécité.

2° Un estropié qui obtint sa guérison pendant une neuvaine.

3° La résurrection, à la suite d'un vœu fait au Calvaire de Romans, d'un enfant de deux ans, du nom de Humbert, fils de Henri Vincent, de Moyrans, « qu'on cuydoit estre mort ». Ce miracle fut constaté par un procès-verbal dressé par le notaire Jehan du Bois, le 12 mai 1517, sur l'instance des consuls de cette ville et sur la déposition des père et mère de l'enfant venus en pèlerinage et logés à l'hôtel du Chapeau rouge [1].

Plusieurs auteurs ajoutent que Henri Vincent, en reconnaissance de la résurrection de son fils, donna un domaine à l'hôpital de Romans [2].

4° Noble et vertueuse dame, Jeanne de Lacroix, épouse de Félicien Boffin, avocat général au parlement de Grenoble, fut guérie d'une perte de sang qu'elle éprouvait depuis longtemps.

---

1. Ce fait est relaté dans la *Description historique du couvent des Frères Mineurs*, par JUVÉNAL de Lyon. Le procès-verbal du miracle est produit *in extenso* dans une notice de M. H. de TERREBASSE, intitulée : *La maison du Mont Calvaire à Romans*, et insérée dans le *Bull. de la soc. d'archéol. de la Drôme* (1882), t. XVI, p. 383.

2. Aucune des propriétés actuelles ou anciennes des hôpitaux de Romans n'a cette origine.

5° Antoine Garagnol, juge royal de Romans, dans une grave maladie, s'était retiré à la Roche de Glun. Il fit, en reconnaissance de sa guérison, reconstruire le sépulcre du Calvaire qui avait été ruiné par les hérétiques, etc.

Le jour des Rameaux de l'année 1562, les calvinistes, avant d'entrer au prêche, allèrent en plein jour mettre le feu aux trois croix du Calvaire. Ils firent usage, dit la tradition, d'un feu grégeois qui « brûlait même la pierre » et que l'eau ne pouvait éteindre. Plusieurs maisons furent construites avec les matériaux provenant de la démolition des stations, et l'on remarqua que les maîtres de ces maisons eurent une mauvaise fin.

Les religieux franciscains abandonnèrent leur couvent le 16 mai 1562, tant parce que plusieurs d'entre eux avaient apostasié qu'à cause des risques qu'ils couraient chaque jour pour leur vie. On y mit un gardien qui, homme de mauvaises mœurs, fit du couvent un repaire de débauches. Un misérable s'installa comme dans une chambre au caveau du Sépulcre ; une femme se pendit à la traverse d'une croix, etc.

Dans l'enlèvement de l'argenterie des églises, fait par ordre du baron des Adrets, le 12 juin de la même année, celle du Calvaire figura pour cent marcs (4,800 fr.). Mais comme les religieux, en abandonnant leur couvent, avaient confié leur argenterie en dépôt aux consuls, ils actionnèrent la ville à leur retour.

Malgré l'édit de paix publié à Orléans, les franciscains ne rentrèrent pas dans leur monastère. Ils le laissèrent inhabité pendant vingt années, de 1562 à 1583.

Le 29 juillet 1583, Félicien Boffin, seigneur d'Argenson, avocat-général au parlement, fils de Romanet, passa une convention avec le P. Balthazar Brochet, provincial des Pères de l'Observance, pour faire desservir le couvent du Calvaire par des religieux de son ordre.

A la suite d'une transaction, les Récollets furent établis en remplacement de ces derniers, par une bulle du pape Clément VIII, du 7 septembre 1612. En conséquence, le 27 novembre de la même année, le P. Picquet, gardien du couvent des Cordeliers de Romans, malgré une ordonnance de l'archevêque de Vienne, mit en possession du monastère du Mont-Calvaire le P. Gay, dit Saint-Sixte, custode des Récollets. Le surlendemain, l'archevêque réprima cette désobéissance en interdisant aux religieux Cordeliers et Récollets de Romans de prêcher et d'administrer les sacrements. On passa outre, et finalement le traité fut conclu par le consentement de la famille Boffin, le 24 janvier 1613, par le général de l'ordre le 6 janvier et le 13 septembre par lettres patentes du roi. Thomas Boffin, baron d'Uriage, continuant les traditions généreuses de sa famille, accorda aux Récollets l'ermitage de Saint-Aynard, avec mille toises de bois autour.

Depuis la fondation du Mont-Calvaire, il était d'usage de fréquenter ce lieu saint et d'y faire, sous la conduite d'un prêtre ou d'un religieux, les mêmes cérémonies qu'on fait au Saint-Sépulcre de Jérusalem. Ces dévotes pratiques avaient été discontinuées depuis 1561, à raison des violences de l'hérésie ; mais elles furent rétablies après l'époque de la grande peste de 1628. Un redoublement de piété se porta sur le voyage du Calvaire par le zèle de quelques femmes vertueuses qui, se souvenant de cette pieuse coutume, se donnèrent rendez-vous sur le pont de l'Isère, le lundi-saint. Elles marchèrent pieds nus, portant chacune un cierge allumé, allant deux à deux et s'arrêtant pour prier devant chacun des lieux où elles avaient vu autrefois des stations. Cette manière austère de pratiquer le voyage, et surtout par un temps froid, eut des suites funestes pour plusieurs de ces dames, entre autres pour la femme de Raymond Bourget, qui en mourut. Les stations étant ruinées et les terrains usurpés, on recherche les anciens emplacements. Les religieux Claude Bouchard et François Adrien portèrent sur leurs épaules des croix, qu'ils allèrent planter à chaque lieu qu'occupaient les anciennes stations.

Les Pères Récollets employèrent les abondantes aumônes et les libéralités des personnes pieuses à réparer les lieux saints, et les habitants mirent un grand empressement et un grand zèle pour rétablir les trente-sept stations. Un particulier, prenant un singulier plaisir à voir reconstruire le Calvaire, y fit apporter un barral de vin pour faire boire les maçons et manœuvres, et duquel buvaient aussi les spectateurs. Néanmoins il ne discontinua pas jusqu'à ce qu'on eût mis la dernière main à tous les bâtiments, d'où est venu le dicton : *Cela dure comme le barral du Mont Calvaire*. Le P. Enfantin veut voir là un fait miraculeux, mais un observantin, le P. Picquet, qui avait été gardien du couvent de Romans, fait remarquer que si le barral dont buvaient les ouvriers ne désemplissait pas, c'est parceque des personnes charitables y mettaient du vin au fur et à mesure qu'il se vidait : ce qui, ajoute sensément M. Duportroux, au grand mécontentement du P. Enfantin, suffit pour montrer l'origine du proverbe sans y voir ni miracle ni supercherie.

Malgré le dévouement des religieux et des personnes pieuses, l'ouvrage resta incomplet, puisqu'on ne comptait que quatorze stations en 1630 ; ce n'est que vers 1641 que tout fut achevé, sauf que lorsqu'il y avait eu impossibilité de placer certaines stations à l'endroit où elles étaient dans le principe, on s'en était rapproché autant que possible.

Le *voyage*, c'est-à-dire la visite des stations, est encore de nos jours fréquemment accompli par des personnes de la ville, particulièrement en commémoration du décès des parents. Il l'est aussi, au moins une fois annuellement, par le clergé des paroisses, accompagné de nombreux fidèles faisant partie en général des confréries. On a vu les habitants des villages des environs venir au Calvaire en procession, pour remplir des vœux faits à l'occasion de quelque fléau : ainsi firent ceux de Saint-Paul, en 1864, après qu'ils eurent été délivrés d'une épidémie de choléra.

Le Mont-Calvaire de Romans fut pendant longtemps l'unique établissement de ce genre que l'on vit en France. Aussi, la plupart des étrangers qui passaient dans cette ville, ne manquaient pas de le visiter, soit par dévotion, soit par simple curiosité. Ainsi on lit dans la *Maison de Saint-François de Salles*, par Nicolas d'Hauteville (1669), p. 601 : « Charles « Auguste de Salles occupa ses vacances, selon son ordinaire, « aux actions de religion et de piété, parmi lesquelles il faut

« remarquer le dévôt pèlerinage qu'il fit au Mont Calvaire de
« Romans, pendant lequel il récita tout le psautier sans lire
« une seule parole ».

Sous la garde des PP. Récollets, le Calvaire de Romans continua à attirer de nombreux pèlerins. Ils étaient devenus possesseurs d'un morceau de la vraie Croix, enchassé dans un crucifix d'argent que leur avait donné le P. Marc Doysie. Enfin, le pape Innocent XI, par un bref de l'année 1679, avait attaché les mêmes indulgences au Calvaire de Romans que celles qui sont accordées à ceux qui visitent les stations de Jérusalem.

C'est dans cette situation que la Révolution de 1789 trouva le couvent et le Calvaire de Romans qui, l'un et l'autre, ne furent pas respectés comme tout ce qui alors portait l'empreinte du Christianisme.

Les religieux sortirent de leur couvent pour profiter du décret du 14 août 1790, qui leur accordait une pension. Trois anciens chartreux de Bouvante se rendirent acquéreurs du couvent des Récollets, le 31 mars 1791, sans rencontrer aucune concurrence, et même ils n'éprouvèrent aucun dommage ni offense pendant les jours orageux de la Révolution [1].

Mais l'impiété destructive commença ses ravages le 15 janvier 1794. Une troupe furibonde accourut au Calvaire, tambour battant. Elle avait à sa tête un paysan d'une commune voisine, muni d'un ordre du procureur de la commune de Romans [2]. Il se fit remettre les clefs des chapelles. Après avoir commis bien des désordres, cette bande s'en retourna en ville, remportant comme un trophée la cloche de l'église. Bientôt après les autels et les statues furent renversés et le Saint-Sépulcre entièrement ruiné. L'église fut vendue au

---

1. Pendant le séjour de ces anciens chartreux, le couvent des Récollets fut désigné, surtout par les étrangers, sous le nom de *Chartreuse de Romans*.

2. C'était T..... dit Marat, filateur de soie. Il fut obligé de se démettre de ses fonctions et la ville laissa à sa charge 796 livres 15 sols, dont il avait fait emploi sans autorisation pour faire démolir les chapelles du Calvaire.

profit de la nation le 5 thermidor an IV (23 juillet 1796) pour le prix de 5 230 livres en assignats. Le clos du Calvaire devint le cimetière de la commune et conserva cette destination jusqu'en 1812.

Après avoir passé dans une sécurité relative des temps si pénibles ailleurs, les PP. Chartreux résolurent par reconnaissance de consacrer l'ancien couvent du Calvaire, après leur mort, à quelque établissement utile à la ville de Romans. En effet, le Père J. F. Deglos de Besse, ancien religieux de la grande Chartreuse, souscrivit, le 16 juin 1813, donation au profit des hospices de l'ancienne maison des Récollets et de ses dépendances, à la condition de l'établissement d'une école de la doctrine chrétienne. Ce qui fut approuvé par un décret en date du 8 mars 1814.

Se voyant reduits à quatre [1], non compris le général de l'ordre [2], qui se trouvait en exil à Romans, et une ordonnance royale du 27 avril 1816 ayant autorisé les anciens Chartreux à ouvrir une maison de retraite dans les bâtiments de la grande Chartreuse, les Pères de Romans quittèrent les Récollets le 1er juillet suivant, moyennant une pension viagère de 400 livres.

L'administration des hospices trouva avantageux de céder le couvent des Récollets aux supérieurs du Séminaire diocésain, pour y former un établissement religieux. Par une convention du 15 mars 1817, il fut loué 500 francs, puis vendu, sous certaines conditions, à l'évêque de Valence, le 25 novembre 1822, au prix de 12.000 fr., non compris l'église qui fut cédée plus tard au diocèse [3] par M. le marquis de Pina, héritier de M. Du Vivier. Le Calvaire avait été donné, suivant acte du 15 novembre 1820, par M. Pierre Larra, qui s'était réservé une chapelle pour sa sépulture et celle des membres de sa famille.

A la suite d'une mission donnée en 1820 par le P. Barthélemy Enfantin, missionnaire apostolique, une croix fut plantée sur le

1. C'étaient les Pères Deglos de Besse, Pichot, Serres et Carillan.
2. Dom Antoine Vallet, mort le 25 juin 1813, à l'âge de 88 ans.
3. L'église avait été rendue au culte vers la fin de novembre 1802.

haut du Mont-Calvaire ou du moins sur les ruines de cette ancienne construction. Cette cérémonie fut le prélude du rétablissement des stations, qui eut lieu l'année suivante, grâce aux sentiments religieux de la population et au zèle d'un vicaire de l'église de Saint-Barnard, M. Vinay.

Le Mont proprement dit, tout construit en pierres de taille sur des voûtes formant des caveaux funéraires, mesure vingt-cinq mètres de longueur, seize de largeur et quatre de hauteur. On y accède par trois escaliers. Le plus large, à l'orient, a dix-huit marches, séparées par un repos. Les deux autres escaliers, l'un au midi et l'autre au nord, ont vingt-et-une marches. Sur la plate-forme du Calvaire il y a six stations, en forme de petites niches. Les trois croix avec personnages sont en fonte, ainsi que les deux statues placées aux pieds du Christ. Elles ont été érigées dans le mois de mars 1867 et ont coûté la somme de 2200 fr. Ces croix sont séparées l'une de l'autre de trois mètres et demi : mesure qui diffère de celle que donnent les anciens auteurs. Enfin le tout est entouré d'un parapet à balustres. L'enceinte du Calvaire a soixante-cinq mètres de longueur, cinquante-deux de largeur, au fond, à l'ouest, et onze mètres et demi seulement vers l'entrée, c'est-à-dire au levant. Du côté du nord sont sept grandes chapelles funéraires, différentes par le style et l'étendue, confiées à autant de familles de Romans, qui y ont le droit de sépulture.

L'église des Récollets, de même que toutes celles de la ville, à l'exception de la collégiale de Saint-Barnard, avait le chœur voûté et la nef lambrissée avec des liteaux disposés en forme de caissons. Cet édifice a trente-six mètres de longueur et dix de largeur. Le chœur a été divisé en deux parties : au-dessus est la bibliothèque et un petit clocher formant un dôme à quatre pans. Il renferme une horloge dite de quart, dont la cloche a été fondue en 1626. Il y a, du côté du sud, limitant la route de Tain, deux petites annexes servant l'une de chapelle et l'autre de sacristie. Félicien Boffin, seigneur d'Argenson, fit faire à ses frais la chapelle conventuelle et Thomas, baron d'Uriage, son second fils, fit construire le dortoir et donna le tableau placé derrière le grand autel et représentant un crucifiement.

Le cloître, évidemment du XVIIe siècle (le chapiteau de la première colonne en entrant porte le millésime 1645), est éclairé par vingt-quatre arcades à plein cintre, supporté par des colonnes rondes reposant sur des banquettes. La cour ou préau forme un quatrilatère allongé, ayant vingt-deux mètres de côté. L'appropriation en un séminaire a nécessité des remaniements et des constructions considérables.

L'autorité diocésaine a remis à une commission, présidée par le supérieur du séminaire, la garde et l'entretien du Mont-Calvaire et des stations. Les dépenses nécessitées pour ces objets sont couvertes par les dons des fidèles et par la taxe payée par les familles pour les inhumations qui ont lieu dans l'intérieur du Calvaire, lesquelles ne sont pas toujours accompagnées de précautions hygiéniques suffisantes.

LES STATIONS.

Les auteurs des *Guides* pour le pèlerinage ou voyage du Mont-Calvaire de Romans ne concordent pas entre eux pour le nombre et les attributions des chapelles.

Ce nombre est de :

31, d'après l'indication donnée à Romanet Boffin par les FF. Ange de Lynx et Laurent Morelli.

25, dans les livres de piété de 1515, c'est-à-dire les plus anciens, et dans la bulle d'indulgence du cardinal Numali, de Forli, en date du 18 juillet 1518.

19, dans le *Voyage et oraisons du Mont Calvaire de Romans*, imprimé en 1556 chez Thielman Kerver.

37, dans le *Directoire du voyage*, etc., par le Père Archange de Clermont, imprimé en 1638.

37, 40 et 41, dans les trois époques du pèlerinage du P. Barthélemy Enfantin, publié en 1841.

34, dans le *Voyage de piété* des éditions de 1821 et de 1854, et tel qu'il se pratique de nos jours [1].

Les stations portent un numéro d'ordre et offrent un tableau sur toile, reposant sur un autel ou une simple tablette, représentant un des épisodes de la Passion. Elles n'ont pas toutes la même forme ni les mêmes dimensions. Les unes sont des chapelles isolées, de trois à quatre mètres de façade sur quatre à cinq mètres de profondeur, d'autres sont des édicules appliqués contre un mur ou une maison et faisant plus ou moins saillie ; enfin la plupart sont de simples niches fermées par un grillage. Tous ces édifices sont plus ou moins ornés, suivant le goût et la fortune des personnes à qui ils appartiennent.

1. Le Mont Varello, en Piémont, le plus ancien Calvaire connu, comptait 46 stations.

Après son entrevue avec les religieux qui revenaient de Terre-Sainte, Romanet Boffin s'était empressé, comme on l'a vu, de faire ériger dans Romans des stations de piété rappelant les principaux actes de la Passion. En outre, à la demande des habitants du Bourg-de-Péage et avec la permission de l'évêque de Valence, accordée le 27 mars 1517, il fit construire la chapelle dite de *Bethléem*, pour y représenter la naissance du Sauveur. Cet édifice, démoli pendant les troubles religieux, fut remplacé en 1611 par un couvent de Minimes, qui, devenu bien national, est occupé de nos jours par la mairie et une école communale.

La *porte dorée* ou orientale est celle par laquelle Jésus-Christ entra, le jour des Rameaux, en triomphe à Jérusalem. A Romans, elle était représentée par la porte de la tour, placée au milieu du pont de l'Isère. Le 25 février 1516, le conseil de la ville autorisa l'érection de cette station par la délibération suivante :

« Il a esté accordé à Romanet Boffin, marchand, qu'il faict
« mettre les ystoires (tableaux) qu'il entend faire mettre en la
« porte de la tour dessus le pont de ceste ville, pourvu qu'il
« ne porte poinct prejudice à la dicte tour ni à la chose
« publique, et que l'on fera faire un chapiteau par dessus les
« dictes ystoires, aux dépens de la ville [1].

1re Station.

Le Cénacle où J.-C. institua le saint sacrement de l'Autel.

Etablie par Romanet Boffin sur le fossé de la première enceinte, au pied d'une tour ronde [2], cette station était assez vaste

---

1. Ce tableau a été peint par François Thévenon, originaire d'Annonay. Cet artiste, qui ne manquait pas de mérite, contemporain sinon émule de Raphaël, exécuta probablement la plupart des peintures des stations. Il avait déjà fait un tableau représentant le *maulvais riche* pour la maladrerie de Voley et, en 1509, il avait peint les décors du théâtre pour la représentation du *Mystère des trois doms,* qui lui furent payés cent florins.

2. Les travaux, exécutés dans le mois de janvier 1882 pour l'amélioration de la montée du *Foids des farines*, ont mis au jour les fondations des murs

pour que, lors des guerres de religion, elle fut vendue, en 1561, au prix de cent florins (283 fr.) à Antoine Veilheu, chanoine de Saint-Barnard, pour en faire son habitation, avec cette singulière clause ou obligation de « la consacrer à des usages honnêtes « et de n'y point nourrir d'animaux ». Enfin, l'acquéreur devait placer un rétable en pierre où serait représenté le mystère de la Cène. Les protestants, par l'entremise de leur syndic, Jean Magnat, obtinrent de la ville, le 7 juin 1564, un emplacement, près de cette station, « dans les vieux fossés des Terreaux » pour y construire un temple.

Après l'apaisement des troubles, la station du Cénacle fut rétablie à frais communs par les soins d'Anne Glenat, veuve d'Antoine Lhermer, marchand, et d'Antoine Savoye, notaire, dont les habitations étaient dans le voisinage et qui fondèrent en même temps plusieurs messes dans cette chapelle. Détruite pendant la Révolution, elle a été reconstruite, en 1821, au débouché de la rue du Muzet et à l'entrée des Terreaux. Sa façade offrait à droite et à gauche deux colonnes rondes supportant un entablement. Au-dessus était un simulacre de dôme en planche surmonté d'une croix en fer. On accédait à l'intérieur par un perron à deux rampes de cinq marches. Cette station a été complètement rasée par suite des travaux de voirie dont il a été précédemment question et remplacée immédiatement par une niche, avec rétable, pratiquée dans le mur du jardin de l'aumônerie de la communauté de Sainte-Marthe.

IIe Station.

Gethsémani, J.-C. se sépare de huit de ses disciples.

Cette station est fort éloignée de la précédente. Pour s'y rendre il faut descendre *l'escalier de Josaphat*, rue de la Pêcherie, traverser la *vallée de Josaphat* ou de la Prèle et le *torrent de Cedron* ou de la Savasse. Elle fut d'abord érigée dans la cour

de la première enceinte et de cette tour ronde, qui avait cinq mètres de diamètre, avec une entrée du côté de la ville, à environ trente mètres plus bas que la chapelle dont il va être parlé.

d'une maison appartenant à un nommé Richard Colombier, charpentier, qui accorda cette permission à Romanet Boffin par un acte reçu Mᵉ Bayle, notaire, le 28 mars 1517. Elle est aujourd'hui placée à l'angle gauche de la rue de la *Charité* et de celle de *Montolivet* qui conduit à *Chapelier*. Elle consiste en une simple niche, en forme de chapelle grillée, avec rétable et tableau.

IIIᵉ Station.

Le jardin des Olives.

Pour l'établissement de cette station, Romanet Boffin acheta, par acte du 2 mars 1516, de Pierre Humberton et de sa femme Catherine Barbarèze, une partie de la côte de Chapelier, sous le cimetière de Saint-Romain, qui fut désignée sous le nom de *Montolivet*.

Cette station ayant été ruinée et son emplacement usurpé, on la mit à droite en entrant dans la rue de la Charité, contre la maison de M. Bedoin, teinturier.

IVᵉ Station.

L'agonie de Notre-Seigneur.

Cette station était aussi primitivement au Montolivet, à quelques pas de la précédente ; elle a été, comme elle, rétablie dans la rue de la Charité et appliquée contre la maison de M. Clairefond, tanneur.

Vᵉ Station.

La prise de Jésus-Christ.

Elle était primitivement située au Montolivet, non loin des deux précédentes. Elle fut ensuite placée dans la cour de l'hôpital de la Charité, à côté de la porte de l'église. Elle est aujourd'hui dans la rue Saint-Jean-de-Dieu, dans un angle rentrant du mur de clôture de l'hôpital regardant le nord, à main gauche de la porte extérieure de l'église.

VIᵉ ET VIIᵉ STATIONS.

Jésus-Christ à la maison d'Anne.

Cette station était la plus belle de toutes celles que fonda Romanet Boffin. Dans ce but, il avait acheté quatre maisons au lieu du *Truc* ou de la *Bastide*, au-dessus de la maison du Poids des farines. Savoir : le 15 septembre 1516, de Pierre Voualeur, cardeur, une maison en mauvais état et un jardinet contigu ; le 26 septembre, de Barthélemy Tallon, une maison ; le 4 octobre, d'Antoine Culharès, un chazal au même lieu ; et, le 24 décembre, un autre chazal de Claude Aynard : actes reçus par le notaire Bayle. Sur l'emplacement de ces quatre maisons le fondateur fit construire une belle chapelle, destinée à représenter la maison d'Anne, prince des prêtres. On y arrivait, comme à Jérusalem, par une petite rue rempante, pleine d'immondices *(stercoraria)* : à cet égard, la ressemblance ne laisse rien à désirer à Romans. On y adjoignit une petite grotte ou *grotton*. Au devant, on voyait un pilier, en haut duquel était placée la statue d'un ange, tenant une trompette à la main ; au-dessus étaient ces mots : *Hic est fructus doloris*.

La VIᵉ Station est aujourd'hui placée à l'extrémité méridionale de la rue *de la Bâtie* ou mieux de la Bastide, sur une partie de l'emplacement de cette ancienne forteresse : et la VIIᵉ consiste en un caveau ou crypte de sept marches au-dessous de la station précédente. Il y a un autel, auquel on célébrait naguère la messe le jeudi-saint. Elle est fermée par une grille en fer et couverte par un jardin. Par suite de travaux de voirie en cours d'exécution, tous ces édifices sont désignés pour être expropriés et ensuite démolis.

VIIIᵉ STATION.

Jésus à la maison de Caïphe.

Cette station est fort éloignée de la précédente. Elle fut érigée à la *Bouverie* et détruite, comme les autres, par les hérétiques en 1562. Elle fut rétablie par Jean Noyerat, prêtre et recteur de l'hôpital de Sainte-Foy, devant la maison de qui elle était placée. Elle est maintenant à la montée de la Bouverie, contre le mur du jardin de M. Nugues. Elle présente deux pilastres cannelés, supportant un fronton arrondi. Le rétable et l'autel sont protégés par une grille.

IXe Station.

La maison de Pilate.

C'est la première station qu'érigea Romanet Boffin, suivant le dessein qu'il avait d'abord conçu de faire sept piliers, dont le premier était placé dans le cimetière de Saint-Barnard, alors contigu à l'église, vis-à-vis le maître-autel et adossé à la maison abbatiale. Sur ce pilier on voyait un *Ecce homo*. Après la démolition de ces constructions, la station a été adossée à l'église, entre deux contreforts. C'est sur le premier emplacement de cette station et contre l'ancienne chapelle de Sainte-Catherine que fut élevée une croix de mission, en 1810.

Xe Station.

La maison d'Hérode.

Romanet Boffin avait fait construire cette station dans le jardin du couvent des Cordeliers, contre le mur de l'église, tout près de la grande porte. Elle fut démolie avec les autres par les Calvinistes, en 1562.

L'église des Cordeliers ayant été rasée à son tour en 1802, la Xe station avait été d'abord placée à l'entrée de la rue *Conquiers*, à droite, contre un mur. Elle est aujourd'hui à peu près au même endroit, adossée à une maison nouvellement construite et regardant le levant.

XIe Station.

La deuxième station au palais de Pilate.

Lors de la première fondation, cette station était représentée par le troisième pilier, dressé, comme le premier, dans le cimetière de Saint-Barnard. Elle est actuellement adossée à l'église, entre deux contreforts, près de la petite porte du transept, dite du Saint-Esprit.

XIIe Station.

Jésus portant sa croix.

On ignore où était placée cette station. D'après un acte du 7 février 1516, il semblerait qu'elle fut d'abord dans l'église de Saint-Barnard. Elle est maintenant plaquée, comme les précédentes, contre le chœur, entre deux contreforts.

XIIIe Station.

Première chute de Notre-Seigneur.

Cette station fut placée au XVIe siècle, comme elle l'est encore, à la sortie de la grande porte de l'église, du côté du clocher.

XIVe Station.

La rencontre que fit N.-S. de sa sainte Mère.

Romanet Boffin fit ériger cette station dans la grande rue qui va de Saint-Barnard à Clérieu, ainsi que l'atteste un acte reçu Me Bayle, sous la date du 10 novembre 1519, par lequel Ennemond Poignard, mégissier, fit don d'un emplacement convenable pour cette station, laquelle présentait de grands barreaux de fer pour défendre la statue qui y était renfermée. Après les guerres de religion, cet édifice fut relevé et Jean-Baptiste Terrot, cordonnier, propriétaire de la maison qui avait appartenu à Poignard, permit de faire tous les travaux. La station consiste aujourd'hui en une niche, dont le grillage, les colonnes et le fronton sont en bois. Elle est placée à l'angle gauche de la rue de Clérieu et de la petite rue qui monte aux Grottes.

XVe Station.

Les filles et les saintes femmes de Jérusalem.

Cette station était placée à cent pas plus haut que la précédente, à main gauche. Pour l'ériger, le fondateur acheta de Hugues Robert, marchand, le 9 octobre 1516, un petit jardin dans lequel fut prise une portion de terrain pour y construire un édicule de six pieds du côté de la rue et huit d'épaisseur, masquant celle du mur de l'ancien *Château Gaillard* et élevé de plusieurs pieds au-dessus de la rue. Renversée par les hérétiques en 1562 et par les révolutionnaires en 1793, cette station a été restaurée en 1821 par les soins et aux frais de la famille Talin, comme elle l'avait été anciennement par Jean Genti.

XVIe Station.

Simon le Cyrénéen aidant Jésus à porter sa croix.

Par acte du 16 septembre 1516, Pierre Maillet, « homme « très pieux », donna à Romanet Boffin un espace suffisant à prendre dans son habitation pour y élever ladite station en forme d'oratoire, soit deux toises sur la rue et une toise sur sa maison. Après la ruine de cet édifice, la station fut remplacée par une niche dans le mur de la maison n° 7 de la rue de Clérieu.

XVIIe Station.

La Véronique essuyant le front de Jésus-Christ.

Placée hors la porte de Clérieu, à l'entrée du faubourg, contre une maison et dans le mur du jardin de l'hôpital, elle était anciennement proche le moulin de Laubat (actuellement de Sièyes). Après les troubles de religion, on avait placé une simple croix de bois contre la façade de cette maison, ainsi qu'on le voit sur un plan de l'époque.

XVIIIe Station.

Deuxième chute de Jésus-Christ.

Cette station était autrefois du côté gauche du faubourg de Clérieu, et en forme de niche, qui se voit encore. Elle a été construite, en 1821, un peu plus loin, contre le côteau ; elle est isolée et fermée par une grille. Il y a un autel et un grand tableau.

XIXe Station.

. . . .

Elevée en face de la précédente, cette station consiste en une grande chapelle tout à fait isolée, fermée par une belle grille en fer. Elle a été construite en 1827 aux frais d'Antoine Millon et de son épouse.

XXe Station.

La porte judiciaire.

Elle fut construite en 1821, à quelques pas au-dessus de la précédente et adossée à un terrain très élevé, au nord : ce qui rendait son accès assez difficile. Elle affectait une entrée de ville par une tour à créneaux. Elle a été démolie en 1866 et transportée de l'autre côté, entre la route de Tain et la rampe des *Bastions*. Cette nouvelle construction forme un oratoire.

·XXIe Station.

Troisième chute de Jésus-Christ.

C'est la dernière station avant d'arriver au Calvaire. Elle est à droite de la route et forme une grande chapelle, construite aux frais de la famille Clément, qui y a un tombeau. Elle offre des pilastres cannelés, supportant un entablement sculpté. Elle a remplacé le sixième pilier du voyage primitif.

XXIIe Station.

Cachot du Golgotha.

C'est un petit oratoire voûté, placé dans le massif du Mont-Calvaire, à l'ouest. A la suite des ravages des hérétiques, il fut presque entièrement comblé. Les Pères de l'Observance le firent relever et établirent au-dessus une voûte, aux frais de Jean Boffin, seigneur de la Sône. Les mêmes désastres eurent lieu en 1793 et furent réparés en 1821. Dans ce lieu se trouve un tombeau appartenant à la famille Pigeron.

Sur le Calvaire il y a six stations, représentées par autant de petites niches, supportées par un soubassement à hauteur d'appui. Ces petits monuments sont à voûte arrondie, avec deux colonnes accouplées de chaque côté : au fond de la niche se trouve un tableau représentant un des épisodes de la Passion, lequel est protégé par un vitrage et par de petits barreaux de fer.

XXIIIe Station.

Breuvâge de vin et de myrrhe présenté à J.-C.

Au nord, à gauche du petit escalier.

XXIVe Station.

Jésus cloué sur la croix.

A l'ouest, derrière la croix du mauvais larron.

XXVe Station.

Lieu où fut plantée la croix.

C'est le Mont-Calvaire proprement dit. La station est représentée par la grande croix et l'autel qui lui sert de piédestal, et devant lequel s'arrête le clergé lorsqu'ont lieu les processions paroissiales.

XXVIe Station.

Division des vêtements de J.-C.

A l'ouest, vers la route et derrière la croix du bon larron.

XXVIIe Station.

Les deux Larrons.

Au midi, vers la route, sur le plan du repos du grand escalier, représentant les deux larrons.

XXVIIIe Station.

Jésus-Christ donne sa mère à saint Jean.

Cette station, qui porte le nom de N.-D. des Douleurs, consiste en un oratoire, sous le Mont-Calvaire et au midi.

XXIXe Station.

Prodiges à la mort de Jésus-Christ.

On fait cette station en se plaçant en face de la croix. Elle n'est pas représentée par une construction particulière.

XXXe Station.

Jésus-Christ percé d'une lance sur la croix.

Cette station est située au nord et à droite, sur le plan du repos du grand escalier, après avoir monté quatorze marches.

XXXIe Station.

Notre-Dame des Douleurs.

C'est une grande chapelle située à l'ouest, vers l'église. Elle sert de lieu de sépulture à la famille Larra, qui avait acquis une partie du Calvaire à l'époque de la révolution. Cette station n'avait pas été construite par Romanet Boffin, qui s'était contenté de l'indiquer par une croix.

XXXIIe Station.

La chapelle des pleurs.

Sur la même ligne que la précédente, dont elle est séparée d'une dixaine de mètres, du côté du nord ; était anciennement la station de l'apparition de Madeleine ou le *Noli me tangere*. Détruite comme les autres par les hérétiques, elle fut rétablie par les générosités de quelques personnes pieuses. Elle est à jour et supportée par quatres colonnes rondes et ornées d'un même nombre de statues à genoux. Au fond, dans une sorte de sanctuaire, repose le corps de J.-C. Elle appartient à la communauté de Sainte-Marthe, qui y a un caveau funéraire ; en outre, plusieurs membres des familles du Vivier et de Pina y sont inhumés.

XXXIIIe Station.

Le corps de J.-C. est embaumé.

Cette chapelle est adossée a l'ouest de la précédente, avec laquelle elle communique par un arceau.

XXXIVe Station.

Le Saint-Sépulcre.

Cette station est située à l'angle nord-ouest du Calvaire. C'est une construction massive et basse, avec de grosses colonnes rondes engagées. Elle était anciennement surmontée d'un dôme à jour et l'on disait un peu hyperboliquement : « l'original est à Jérusalem et la copie est à Romans ». Elle a quatre mètres de largeur et six de profondeur. C'est la seule station qui ait été à peu près épargnée. Du temps de Romanet Boffin, elle était magnifique ; elle était ornée de statues et de rondes bosses qui résumaient les scènes de la Passion. Elle est divisée en deux parties, qui communiquent l'une dans l'autre par un petit passage.

Les stations suivantes ne figurent plus dans les guides modernes.

XXXVe Station.

L'Ascension de Notre-Seigneur.

Elle avait été érigée dans l'église de Saint-Romain, c'est-à-dire au sommet de la montagne appelée, dans les guides, le Montolivet.

XXXVIe Station.

Lieu où les Apôtres tinrent leur premier concile.

Romanet Boffin avait placé cette station au-dessous de l'église de Saint-Romain, vers la vallée de Josaphat.

XXXVIIe Station.

Lieu où N.-S. enseigna le Pater à ses apôtres.

Cette station était située un peu plus bas que la précédente.

XXXVIII° Station.

Lieu du repos de la Sainte Vierge.

Cette station était à la suite de la précédente, vers la vallée de Josaphat.

XXXIX° Station.

Le sépulcre de la Sainte Vierge

C'était la dernière station dans la vallée de Josaphat.

XL° Station.

Les disciples d'Emmaüs.

C'était primitivement une chapelle placée dans l'avant-cour du couvent des Récollets, en face de la porte de l'église, contre le mur, à l'ouest. Elle a été démolie en 1822 et remplacée par une niche avec tableau et grillage dans le mur extérieur, au midi, sur la route, entre les deux portes d'entrée.

BIBLIOGRAPHIE

Description avec figures *du Voyage du Mont Calvaire de Romans*. Paris, chez Gillet Couteau, 1516.

Périer, *Le Voyage et Oraisons du Mont Calvaire de Romans*.

Pierre Corbault, *Le Voyage et Oraisons du Mont Calvaire de Romans, fort dévot et contemplatif*. Paris, in-8°.

Léon X, Bulle du 5 mars 1516, autorisant la fondation d'un couvent d'Observantins à Romans.

Le même, Bulle du 8 février 1517, autorisant Romanet Boffin à faire le voyage de Terre Sainte.

François Ier, Lettres patentes du 23 mai 1531, données à Dijon, touchant l'érection du Calvaire de Romans.

Jules III, Bulle de l'an 1553, lançant un monitoire à l'occasion de l'incendie du couvent des Observantins desservant le Calvaire de Romans.

Le Voyage et Oraisons du Mont Calvaire de Romans en Daulphiné, avec vignettes. Les oraisons en vers ; 17 pages comprises dans un volume de piété, imprimé à Paris, pour Guillaume Merlin, marchand et libraire de l'Université, demeurant sur le Pont-au-Change, à l'enseigne de l'Homme sauvage, devant l'horloge du Palais, par Thielman Kerver. Petit in-8°, en caractères gothiques, 1554.

Autre édition s. d., où se lit, à la suite de méditations sur la Passion, au verso du 14e ft : *Le Voyage et Oraisons du Mont Calvaire de Romans en Daulphiné*, imprimé à Paris, pour Guillaume Merlin, libraire juré, 24 ff. non chiffrés ; le Voyage occupe les dix derniers. Petit in-8°, en caractères gothiques.

P. Picquet, frère Mineur, *Exhortation amiable en faveur du Mont Calvaire*.

Pierre Moysson, principal du collège de Valence, *Le Mont Calvaire de Romans, dédié aux consuls de cette ville*. Manuscrit offert à l'Assemblée, le 7 janvier 1610.

Le même, *Le Saint et Sacré Mont Calvaire de Romans en Daulphiné, dédié au peuple de Romans.* In-12 de 191 pp. et 12 ff. non chiffrés, avec frontispice ; Tournon, Claude Michel, 1615.

Paul V, Bulle du 11 novembre 1612, concernant l'établissement du Calvaire de Romans ravagé par les hérétiques.

P. Fodéré, *Narration historique et topographique des Couvents de l'Ordre de Saint-François* (voy. p. 606 et ss.) ; Lyon, Pierre Rigaud, 1630.

Paul V, Bref du 10 octobre 1615, sur la cession du couvent du Mont-Calvaire aux PP. Récollets.

Joseph Etienne de Valence, Défense du Calvaire contre les calomnies des Protestants.

P. Archange de Clermont, préventeur des FF. Mineurs Récollets, *Transport du Mont Calvaire de Jérusalem en France*, dédié à la famille de Boffin. In-8º de 720 pp. et 26 ff. non chiffrés ; Lyon, Jean Didier, 1638.

Le même, *Directoire du Voyage de la Passion du Fils de Dieu, ensuite du transport du Mont Calvaire de Jérusalem en France*, dédié à Mme la connétable des Diguières. In-12 de 522 pp. et 11 ff. non chiffrés ; Lyon, Jean Didier, 1638.

Une dévote méditation sur la mort et la passion de J.-C. et le Voyage et Oraisons du Mont Calvaire. Imprimé à Troyes, par Noël Moreau dit Lecoq, s. d., 2 parties en un vol. in-8º, sig. A.-M. figures sur bois.

Clément X, Bulle du 5 mars 1673, qui accorde l'indulgence plénière à l'église des Récollets de Romans.

Innocent XI, Bref de l'an 1679, attachant au Calvaire de Romans les mêmes indulgences que celles qui sont accordées à ceux qui visitent les stations de Jérusalem.

Anonyme, *Le voyage de piété du Mont Calvaire de Romans en Dauphiné : la manière dont il faut le faire et le chemin qu'il faut y tenir*, tiré du *Directoire* qu'en a fait le R. P. Archange de Clermont. Lyon, Rusand, 1760.

Pierre-François Duchesne, *Le voyage de piété au Mont Calvaire de Romans en Dauphiné*. In-8º, Paris, Lemercier, 1762.

Jean-Gabriel Duportroux, *Notice historique sur le Calvaire de Romans*. In-8º de 67 p. ; Grenoble, C. P. Baratier, 1818.

Pie VIII, Bref du 11 février 1822, qui approuve et applique les indulgences autrefois accordées au Calvaire de Romans. Signé : Gonsalvi.

Barthélemy ENFANTIN, missionnaire apostolique, *Pélérinage au Calvaire de Romans, ou Essai sur l'historique et la partie religieuse de ce Calvaire.* 1re époque, in-18 de xvi et 240 pp. ; IIe époque, viii et 286 pp., Lyon, Pélagaux et Lesne, 1841 ; IIIe époque, viii et 298 pp., Lyon, François Guyot, 1841.

Mgr CHATROUSSE, Mandement de l'évêque de Valence au sujet de la restauration du Calvaire de Romans. In-4º de 15 pp. ; Valence, F. Jolland, 1846.

Le voyage de piété du Mont Calvaire de Romans. In-18 de 144 pp. ; Valence, Jacques Montal, 1821.

Même sujet et même titre : Phèdre, libraire-éditeur à Romans, in-18 de 150 pp. ; Martial Ardant frères à Isle, 1858.

Rescrit au nom du pape LÉON XIII, du 18 septembre 1880, confirmant les indulgences précédemment attachées à la dévotion du Calvaire de Romans, autorisant dans les stations l'usage de croix de diverses matières et permettant de faire le voyage en plusieurs fois, dans la même journée.

H. de TERREBASSE, *La maison du Mont Calvaire à Romans.* In-8º de 7 pp. Valence, J. Céas, 1882.

Registres consulaires de la ville de Romans.

Registre de la commission pour la restauration et l'entretien des chapelles et des stations du Calvaire de Romans.

www.ingramcontent.com/pod-product-compliance
Lightning Source LLC
Chambersburg PA
CBHW060709050426
42451CB00010B/1353